# On the Wing 翅膀

## North American Birds 5

Andrea Voon

Richard Han

大翅膀，大翅膀扇呀扇，

沼泽里的 环保人员 真浪漫。

绿翅鸭，绿翅鸭 喜结良缘，

拍动翅膀一飞冲天。

Great big wings, great big wings, flap flap flap...
Recycling agents on the marshes are on the wing.

Green-winged Teals, Green-winged Teals, clap clap clap...
Lift their wings and take-off straight in the spring.

<ruby>大<rt>Dà</rt></ruby><ruby>翅<rt>chì</rt></ruby><ruby>膀<rt>bǎng</rt></ruby>，<ruby>大<rt>dà</rt></ruby><ruby>翅<rt>chì</rt></ruby><ruby>膀<rt>bǎng</rt></ruby><ruby>扇<rt>shàn</rt></ruby><ruby>呀<rt>ya</rt></ruby><ruby>扇<rt>shàn</rt></ruby>，

<ruby>沼<rt>zhǎo</rt></ruby><ruby>泽<rt>zé</rt></ruby><ruby>里<rt>lǐ</rt></ruby><ruby>的<rt>de</rt></ruby> <ruby>空<rt>kōng</rt></ruby><ruby>服<rt>fú</rt></ruby><ruby>员<rt>yuán</rt></ruby> <ruby>真<rt>zhēn</rt></ruby><ruby>浪<rt>làng</rt></ruby><ruby>漫<rt>màn</rt></ruby>。

<ruby>蓝<rt>Lán</rt></ruby><ruby>翅<rt>chì</rt></ruby><ruby>鸭<rt>yā</rt></ruby>，<ruby>蓝<rt>lán</rt></ruby><ruby>翅<rt>chì</rt></ruby><ruby>鸭<rt>yā</rt></ruby> <ruby>喜<rt>xǐ</rt></ruby><ruby>结<rt>jié</rt></ruby><ruby>良<rt>liáng</rt></ruby><ruby>缘<rt>yuán</rt></ruby>，

<ruby>启<rt>qǐ</rt></ruby><ruby>程<rt>chéng</rt></ruby><ruby>迁<rt>qiān</rt></ruby><ruby>移<rt>yí</rt></ruby><ruby>路<rt>lù</rt></ruby><ruby>途<rt>tú</rt></ruby><ruby>遥<rt>yáo</rt></ruby><ruby>远<rt>yuǎn</rt></ruby>。

Great big wings, great big wings, flap flap flap…

Flight attendants on the marshes are on the wing.

Blue-winged Teals, Blue-winged Teals, clap clap clap…

Take-off early for migration in the spring.

Dà chì bǎng    dà chì bǎng shàn ya shàn

大翅膀，大翅膀扇呀扇，

hú pō shàng de    tiào shuǐ xuǎn shǒu    zhēn làng màn

湖泊上的 跳水选手 真浪漫。

Huán jǐng qián yā    huán jǐng qián yā    xǐ jié liáng yuán

环颈潜鸭，环颈潜鸭 喜结良缘，

lì sè jǐng wén ruò yǐn ruò xiàn

栗色颈纹若隐若现。

Great big wings, great big wings, flap flap flap...

Divers on the lakes and ponds are on the wing.

Ring-necked Ducks, Ring-necked Ducks, clap clap clap...

Leap and plunge underwater in the spring.

<ruby>大<rt>Dà</rt></ruby><ruby>翅<rt>chì</rt></ruby><ruby>膀<rt>bǎng</rt></ruby>，<ruby>大<rt>dà</rt></ruby><ruby>翅<rt>chì</rt></ruby><ruby>膀<rt>bǎng</rt></ruby><ruby>扇<rt>shàn</rt></ruby><ruby>呀<rt>ya</rt></ruby><ruby>扇<rt>shàn</rt></ruby>，

大翅膀，大翅膀扇呀扇，

Dà chì bǎng, dà chì bǎng shàn ya shàn

hú pō shàng de　wǔ lín gāo shǒu　zhēn làng màn

湖泊上的 武林高手 真浪漫。

Měi zhōu bái guān jī　měi zhōu bái guān jī　xǐ jié liáng yuán

美洲白冠鸡，美洲白冠鸡 喜结良缘，

shuǐ shàng bēn pǎo　qīng gōng bù fán

水上奔跑，轻功不凡。

Great big wings, great big wings, flap flap flap…

Kung fu masters on the lakes and ponds are on the wing.

American Coots, American Coots, clap clap clap…

Run on water and muddy ground in the spring.

Dà chì bǎng   dà chì bǎng shàn ya shàn
大翅膀，大翅膀扇呀扇，

hú pō shàng de   pái wǔ wǔ dǎo yuán   zhēn làng màn
湖泊上的 俳舞舞蹈员 真浪漫。

Zōng lín yā   zōng lín yā   xǐ jié liáng yuán
鬃林鸭，鬃林鸭 喜结良缘，

pá shù zhú cháo qī yú shù gàn
爬树筑巢栖于树干。

Great big wings, great big wings, flap flap flap…

Powwow dancers on the lakes and ponds are on the wing.

Wood Ducks, Wood Ducks, clap clap clap…

Perch and climb on tree branches in the spring.

10

Dà chì bǎng, dà chì bǎng shàn ya shàn,<br>
大翅膀，大翅膀扇呀扇，

lái zì dōng yà de   xì qǔ yǎn yuán   zhēn làng màn<br>
来自东亚的 戏曲演员 真浪漫。

Yuān yāng,   yuān yāng   xǐ jié liáng yuán<br>
鸳鸯，鸳鸯 喜结良缘，

yǔ guàn、 fān yǔ guāng xiān míng yàn<br>
羽冠、帆羽光鲜明艳。

Great big wings, great big wings, flap flap flap…

Chinese opera actors from East Asia are on the wing.

Mandarin Ducks, Mandarin Ducks, clap clap clap…

Raise their crest and show of "sail" feathers in the spring.

Dà chì bǎng dà chì bǎng shàn ya shàn
大翅膀，大翅膀扇呀扇，

hú pō shàng de gé lí cǎi shōu yuán zhēn làng màn
湖泊上的 蛤蜊采收员 真浪漫。

Xiǎo bān bèi qián yā bān bèi qián yā xǐ jié liáng yuán
小斑背潜鸭，斑背潜鸭 喜结良缘，

wā há de biǎn zuǐ chéng huī lán
挖蛤的扁嘴呈灰蓝。

Great big wings, great big wings, flap flap flap...

Clam diggers on the lakes and ponds are on the wing.

Lesser Scaups, Greater Scaups, clap clap clap...

Forage on the soft mud in the spring.

<ruby>大<rt>Dà</rt></ruby><ruby>翅<rt>chì</rt></ruby><ruby>膀<rt>bǎng</rt></ruby>，<ruby>大<rt>dà</rt></ruby><ruby>翅<rt>chì</rt></ruby><ruby>膀<rt>bǎng</rt></ruby><ruby>扇<rt>shàn</rt></ruby><ruby>呀<rt>ya</rt></ruby><ruby>扇<rt>shàn</rt></ruby>，

<ruby>湖<rt>hú</rt></ruby><ruby>泊<rt>pō</rt></ruby><ruby>上<rt>shàng</rt></ruby><ruby>的<rt>de</rt></ruby> <ruby>配<rt>pèi</rt></ruby><ruby>镜<rt>jìng</rt></ruby><ruby>师<rt>shī</rt></ruby> <ruby>真<rt>zhēn</rt></ruby><ruby>浪<rt>làng</rt></ruby><ruby>漫<rt>màn</rt></ruby>。

<ruby>鹊<rt>Què</rt></ruby><ruby>鸭<rt>yā</rt></ruby>，<ruby>鹊<rt>què</rt></ruby><ruby>鸭<rt>yā</rt></ruby> <ruby>喜<rt>xǐ</rt></ruby><ruby>结<rt>jié</rt></ruby><ruby>良<rt>liáng</rt></ruby><ruby>缘<rt>yuán</rt></ruby>，

<ruby>求<rt>qiú</rt></ruby><ruby>偶<rt>ǒu</rt></ruby><ruby>动<rt>dòng</rt></ruby><ruby>作<rt>zuò</rt></ruby><ruby>复<rt>fù</rt></ruby><ruby>杂<rt>zá</rt></ruby><ruby>多<rt>duō</rt></ruby><ruby>变<rt>biàn</rt></ruby>。

Great big wings, great big wings, flap flap flap...

Opticians on the lakes and ponds are on the wing.

Common Goldeneyes, Common Goldeneyes, clap clap clap...

Perform a set of courtship moves in the spring.

Dà chì bǎng     dà chì bǎng shàn ya shàn
大翅膀，大翅膀扇呀扇，

zhǎo zé lǐ de     dǎo yóu     zhēn làng màn
沼泽里的 导游 真浪漫。

Chì bǎng yā     chì bǎng yā     xǐ jié liáng yuán
赤膀鸭，赤膀鸭 喜结良缘，

qiǎng duó shí wù qī fù tóng bàn
抢夺食物欺负同伴。

Great big wings, great big wings, flap flap flap...
Tour guides on the marshes are on the wing.
Gadwalls, Gadwalls, clap clap clap...
Steal food from diving ducks in the spring.

Dà chì bǎng, dà chì bǎng shàn ya shàn

大翅膀，大翅膀扇呀扇，

hú pō shàng de yuán yì shī zhēn làng màn

湖泊上的 园艺师 真浪漫。

Lù méi yā chì jǐng yā xǐ jié liáng yuán

绿眉鸭，赤颈鸭 喜结良缘，

cǎi zhāi zhí wù tóu tū huì duǎn

采摘植物头秃喙短。

Great big wings, great big wings, flap flap flap…

Landscapers on the lakes and ponds are on the wing.

American Wigeons, Eurasian Wigeons, clap clap clap…

Pluck and nibble plants in the spring.

Dà chì bǎng　　dà chì bǎng shàn ya shàn

大翅膀，大翅膀扇呀扇，

zhǎo zé li de 　jiào shī　 zhēn làng màn

沼泽里的 教师 真浪漫。

Zhēn wěi yā　　zhēn wěi yā　　xǐ jié liáng yuán

针尾鸭，针尾鸭 喜结良缘，

cháng cháng de 　wěi yǔ zhēn qiǎng yǎn

长长的尾羽真抢眼。

Great big wings, great big wings, flap flap flap...

Teachers on the marshes are on the wing.

Northern Pintails, Northern Pintails, clap clap clap...

Dabble and swim with their pointy tail in the spring.

大翅膀，大翅膀扇呀扇，

湖泊上的 作家 真浪漫。

疣鼻天鹅，疣鼻天鹅 喜结良缘，

微提翅膀随风扬帆。

Great big wings, great big wings, flap flap flap...

Authors on the lakes and ponds are on the wing.

Mute Swans, Mute Swans, clap clap clap...

Raise their wing and sail elegantly in the spring.

Shuǐ qín　　shuǐ qín　　shàn ya shàn
# 水禽，水禽 扇呀扇，

qiān lǐ yīn yuán yí xiàn qiān
## 千里姻缘一线牵。

Yí　jì qíng rén　　zhōng shēn bàn lǚ　xǐ jié liáng yuán
# 一季情人，终身伴侣 喜结良缘，

bǐ　yì shuāng fēi　　qíng yì mián mián
## 比翼双飞，情意绵绵。

Waterfowl, waterfowl, flap flap flap…

Find their perfect match on the wing.

Seasonal partners, lifelong partners, clap clap clap…

Prepare for the breeding season in the spring.

## 作者 Author

### 温甘玉芬

当妈前，她是孩子们的甘老师，在常年暖和的热带雨林，与孩子一起学习中、英文，探索文字的奥秘；
当妈后，她是孩子们的温妈咪，在四季分明的北半球，与孩子一起感受春夏秋冬的更替，一起寻找美好的童年……
温妈咪创作的灵感，源自于多年来的童言童语。
2021年，她成立了"温室工作坊"，立志出版一系列的中、英双语绘本，结合母语和第二语言，提倡亲子趣读。
精通三语的温妈咪理解每一种语言都有其独特的艺术形式，因此创作的双语绘本也各含韵味、各具特色。

### Andrea Voon

Over the past few years, Andrea has learned and grown with her family as a full-time mother in Canada. Back in Malaysia, she was a Chinese immersion elementary school teacher. In 2021, Andrea started her journey as an author. Growing up in a multilingual environment, Andrea loves the beauty of languages on their own. She has the vision to publish picture books to support bilingual families in raising their children in English, Cantonese, and Chinese reading.

## 攝影師 Photographer

### Richard Han

Richard loves to practice patience through his lenses of the natural world. He enjoys observing the wildlife and photographing the natural lifestyles that animals live. He is excited to present the beautiful photos that he captured in dreamy tones and colors to all the birds lover.

温室工作坊

# BILINGUAL READING IS FUN!

Check out other bilingual picture books by Andrea Voon.

To **Shirley Han, Derek, Eliana, Alayna & Magnus Dominus**

with love -- Andrea. V

For **Richard Han**

The patience in natural photography

ISBN 978-1-998856-44-2

Text copyright © 2024 Andrea Voon

Picture Credit © 2024 Richard Han

Printed in the USA
CPSIA information can be obtained
at www.ICGtesting.com
JSHW041928210824
68271JS00003B/13